Déguisements rapides

BERNADETTE THEULET-LUZIÉ

casterman

Tu aimes te déguiser, porter un masque, faire la fête ?
Alors découvre vite :
Masques faciles *du même auteur, dans la même collection*
et **40 maquillages de fête** *de Lynsy Pinsent, un hors-série, activités-loisirs Casterman.*

Merci à
Antonin, Delphine, Fanny, Guillaume, Hortense, Jacques,
Léa, Marc, Prune, Sébastien, Thibault, Victor.

Textes, illustrations, réalisations : Bernadette Theulet-Luzié
Photos : Gérard Vinçon
© Casterman 1997

Droits de traduction et de reproduction réservés pour tous pays. Toute reproduction, même partielle, de cet ouvrage est interdite. Une copie ou reproduction par quelque procédé que ce soit, photographie, microfilm, bande magnétique, disque ou autre, constitue une contrefaçon passible des peines prévues par la loi du 11 mars 1957 sur la protection des droits d'auteur.

ISBN 2-203-14938 8
http://www.casterman.com

Table des matières

Les conseils	9
Le cosmonaute	10
Le pierrot	12
Le cadre	14
Le gros monstre	16
La fée	18
Le mousquetaire	20
La sorcière	22
L'ange	24
Le clown	26
Le Gaulois	28
La princesse	30
Le pirate	32
Le gratte-ciel	34
Le dragon	36
Le marmiton	38
Le tournesol	40
Le croisé	42
Shéhérazade	44
Le chat et la souris	46
Le mannequin futuriste	48
L'infirmière	50

Introduction

Bien sûr, le carnaval est le moment propice
aux plus folles métamorphoses.
Mais elles sont bien plus nombreuses, les occasions de se déguiser !
Combien de fois les parents ne sont-ils pas sollicités
pour créer tel habit de princesse ou telle tunique de chevalier ?
Fêtes d'école, goûters d'anniversaire,
représentations théâtrales de fin de trimestre,
saynètes de vacances dans les centres aérés ou en famille
sont autant d'événements où la bonne volonté des mamans
est mise à rude épreuve. Et souvent, il faut du temps et de l'argent.
Avec **Déguisements rapides**,
la préparation des festivités ne sera plus une corvée !
Ce livre pratique propose des idées de réalisations
faciles à partir d'éléments aisément disponibles et peu coûteux.
Les enfants pourront même fabriquer leurs costumes tout seuls !
De nombreux thèmes proposés font partie de leur imaginaire :
princesse, pirate, sorcière, mousquetaire, cosmonaute…
Certaines suggestions leur donneront peut-être le goût de plus d'audace :
pourquoi en effet ne pas devenir, pour une après-midi,
un gratte-ciel ou un tableau ancien ?
En tout cas, grâce à ce livre, chacun trouvera son rôle
et pourra y ajouter sa fantaisie !

Conseils

Découper du carton

Utilisez des ciseaux pour découper du carton mince et un cutter pour du carton fort. Les lames de cutter sont très tranchantes. La présence d'un adulte est donc nécessaire. Il est préférable de passer plusieurs fois la lame sur les découpes plutôt que d'appuyer pour découper en une seule fois.

Autres idées

Pour d'autres déguisements, inspirez-vous de certaines formes basiques qui peuvent être adaptées en modifiant les longueurs et les couleurs.

Assembler les parties

Pour fixer papiers, tissus, cartons, vous utiliserez, suivant les cas, de la colle liquide, une agrafeuse, des épingles à nourrice, du ruban adhésif, du fil et une aiguille.

Ayez tous ces objets à portée de la main, ainsi que des ciseaux. Pour certains déguisements (fée, princesse, tournesol) et aussi pour les collerettes (Pierrot, mousquetaire, fée, etc.), la machine à coudre apportera des résultats plus rapides. La couture à grands points est toutefois aussi efficace.

Au moment des essayages, n'hésitez pas à ajuster, serrer, remonter le déguisement avec quelques agrafes ou des épingles à nourrice.

Le cosmonaute

VÊTEMENTS
- combinaison de ski (ou anorak et pantalon)
- gants de ski (gants de jardinage)
- bottes

ACCESSOIRES
- 1 boîte de céréales (vide)
- 1 boîte en carton (plus grande que la tête)
- 3 bouteilles en plastique vides
- fil électrique flexible ou fil de fer
- gouache
- ficelle
- papier d'aluminium
- colle
- ruban adhésif

Le tableau de bord

❶ Faites deux trous dans le fond de la boîte de céréales. Passez-y la ficelle. Faites deux gros nœuds aux extrémités. Tirez la ficelle.

❷ Emballez la boîte de papier d'aluminium.

❸ Peignez ou collez des ronds jaunes, rouges, bleus. Cernez de noir.

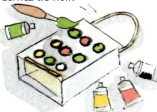

Le casque

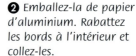

❶ Découpez un cercle de 15 cm de diamètre dans la boîte en carton.

❷ Emballez-la de papier d'aluminium. Rabattez les bords à l'intérieur et collez-les.

❸ Peignez le tour du cercle.

❹ Faites un trou dans le fond d'une bouteille en plastique et dans les trois capuchons. Introduisez-y le fil électrique. Tordez les deux extrémités. Vissez les capuchons sur les bouteilles.

❺ Attachez les bouteilles sur la boîte en carton à l'aide de la ficelle passée par des trous dans la boîte.

Les bottes

❶ Emballez-les dans du papier d'aluminium.

❷ Consolidez en entourant de ruban adhésif.

Le pierrot

VÊTEMENTS
- tee-shirt (XXL)
- collant foncé

ACCESSOIRES
- carton 60 x 30 cm
- gouache jaune
- papier crépon blanc 2 x 0,25 m
- ruban : 60 cm
- sac-poubelle noir
- 2 épingles à cheveux
- agrafeuse
- feutrine noire

La coiffure

❶ Dans un sac-poubelle noir, découpez un cercle de 20 cm de diamètre.

❷ Faites quatre petits plis opposés, agrafez-les. Agrafez d'autres petits plis jusqu'à obtenir un arrondi.

❸ Repliez les bords, fixez par quelques agrafes. Maintenez la coiffure sur la tête avec deux épingles à cheveux.

La collerette

❶ Faites un rabat de 2 cm sur toute la longueur de la bande de papier crépon.

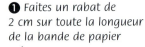

❷ Cousez à grands points à la machine ou à la main.

❸ Avec une épingle à nourrice, piquez l'extrémité du ruban. Glissez-le dans le rabat. Faites froncer et nouez autour du cou.

La lune

❶ Dessinez et découpez une forme de lune dans un carton de 60 x 30 cm.

❷ Peignez en jaune.

La tunique

❶ Serrez chaque côté de l'encolure du tee-shirt avec deux épingles.

❷ Découpez 3 cercles de 4 cm de diamètre dans de la feutrine noire.

❸ Épinglez-les ou cousez-les au milieu de la tunique et sous la collerette.

Le cadre

VÊTEMENTS
- longue jupe ample

ACCESSOIRES
- carton : 75 × 55 cm
- gouache : gros tubes (plus économiques)
- gros pinceau

Préparation

❶ Dessinez le visage au milieu du carton et découpez-le..

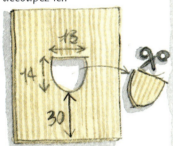

❷ Dessinez l'emplacement du cadre puis le chapeau, les cheveux et le buste du personnage.

❸ Appliquez d'épaisses couches de gouache sur le fond. Laissez sécher puis peignez le costume et enfin le cadre. Soulignez le décor d'un trait de gouache noire.

Bien sûr, vous pouvez imaginer des personnages très différents. Adaptez les vêtements du modèle en fonction du personnage peint.

Le gros monstre

VÊTEMENTS
- tee-shirt (XXL)
- pull et collant foncés

ACCESSOIRES
- gants de caoutchouc (vaisselle)
- des coussins
- des sacs-poubelles noirs et verts
- papier à dessin orange
- 1 boîte à œufs (6)
- ficelle
- agrafeuse

Le torse

Enfilez le pull et le collant. Ficelez des coussins sur le ventre, dans le dos et sur les épaules. Enfilez le tee-shirt par-dessus.

La chevelure

❶ Prenez le papier orange, tracez et découpez une bande de 55 x 3 cm. Mesurez le tour de tête. Agrafez.

❷ Superposez deux carrés de 12 cm de côté, dessinez la forme d'une corne et découpez.

❸ Faites un bord de 2 cm à la base de chaque corne. Agrafez ou collez sur la couronne.

❹ Découpez des bandes de 3 cm dans un sac-poubelle vert. Agrafez. Coupez les bandes du centre pour obtenir une frange.

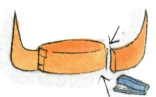

❺ Découpez un cercle de 20 cm. Posez sur la tête. Enfoncez la couronne dessus.

La jupe

❶ Dans un sac-poubelle noir, découpez des bandes de 4 cm de large.

❷ Nouez ou agrafez les bandes sur la ficelle. Passez la jupe autour de la taille. Nouez au dos.

Le collier

Découpez cinq alvéoles de boîtes à œufs. Enfilez-les sur une ficelle.

Les chaussons

Découpez deux grands cercles (Ø 50 cm) dans un sac-poubelle vert. Emballez les pieds. Nouez une bande verte aux chevilles.

Les dents

Découpez-les dans du plastique blanc. Placez sous la lèvre supérieure.

La fée

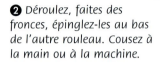

VÊTEMENTS
- tee-shirt bleu clair
- chaussures et socquettes claires

ACCESSOIRES
- 2 rouleaux de papier crépon bleu clair
- papier crépon doré
- papier à dessin bleu clair
- élastique plat : 20 cm
- baguette
- agrafeuse
- colle
- fil et aiguille, ou machine à coudre

La jupe

❶ Coupez un rouleau de papier crépon bleu en deux. Cousez les bandes bout à bout.

❷ Déroulez, faites des fronces, épinglez-les au bas de l'autre rouleau. Cousez à la main ou à la machine.

❸ Cousez à la main ou à la machine. Faites un rabat de 2 cm sur le bord supérieur.

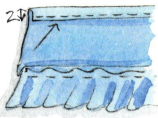

Le chapeau

❶ Dans le papier à dessin bleu, tracez et découpez le cône.

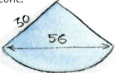

❷ Découpez et collez des étoiles et des ronds dorés.

❸ Agrafez ou collez le papier. Faites deux trous. Enfilez un élastique. Faites un nœud à chaque extrémité.

❹ Retournez sur l'endroit. Découpez et collez des étoiles et des ronds dorés.

❺ Retournez sur l'envers. Cousez les deux côtés de la jupe, volant compris.

❻ Retournez sur l'endroit. Faites passez l'élastique avec une épingle à nourrice dans le rabat du haut. Cousez ou nouez les deux extrémités.

❹ Découpez des bandes de papier crépon blanc ou bleu. Agrafez-les au sommet du cône.

Pour obtenir une collerette en papier crépon doré, procédez comme pour le pierrot.
Pliez en deux une bande de crépon doré de 120 x 10 cm et épinglez-la au dos pour obtenir une magnifique ceinture dorée.

Entourez la baguette de papier crépon bleu et d'un peu de doré. Collez l'étoile au bout. Magique !

Le mousquetaire

VÊTEMENTS
- chemise à manches longues
- pantalon
- chaussettes

ACCESSOIRES
- carton ondulé : chapeau 68 x 32 cm et tunique 110 x 36 cm
- papier crépon blanc : 200 x 25 cm et 4 fois 44 x 16 cm
- papier à dessin bleu
- élastique plat : 20 cm
- 4 élastiques de bureau
- carton : 50 x 3 cm
- 1 cercle de 15 cm (Ø)
- papier d'aluminium
- agrafeuse
- colle

Le chapeau

❶ Arrondissez les angles. Mesurez une ouverture pour la tête et découpez-la.

❷ Dessinez et découpez une plume dans le papier bleu. Faites un bord à la base.

❸ Appliquez de la colle sur le bord replié et collez-le sous le trou central du chapeau.

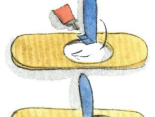

❹ Roulez le bord du chapeau et agrafez-le sur la plume.

❺ Roulez l'autre bord dans l'autre sens. Faites un trou, dans la plume et dans le chapeau. Passez-y l'élastique plat. Nouez les extrémités.

La tunique

❶ Arrondissez les angles. Mesurez une ouverture pour la tête et découpez-la (pliez le carton en deux).

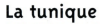

❷ Tracez le contour et la croix. Peignez en jaune et bleu. Cernez de noir.

La collerette

Procédez comme pour le pierrot avec la bande de papier crépon blanc de 200 x 25 cm.

Les dentelles

❶ Pliez les bandes de crépon en accordéon. Découpez les bords en feston. Dépliez.

❷ Passez un élastique au milieu. Rabattez le feston supérieur. Enfilez aux poignets et aux genoux.

L'épée

❶ Découpez le carton en pointe. Faites une fente de 4 cm au centre du cercle. Introduisez-y le carton. Peignez la poignée en noir et entourez la lame d'aluminium.

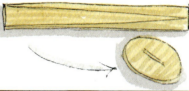

La sorcière

VÊTEMENTS
- pull rouge
- socquettes rouges
- chaussures trop grandes, si possible rouges

ACCESSOIRES
- un sac-poubelle vert et un noir
- papier à dessin violet 65 x 50 cm
- papier crépon orange
- papier journal
- bâton de 1,50 m
- ficelle

La tunique

❶ Dans le sac-poubelle vert, faites un trou pour la tête et deux pour les bras.

❷ Nouez une ceinture en plastique noir à la taille.

La cape

❶ Découpez le fond d'un sac-poubelle noir.

❷ Ouvrez et passez la cape autour du cou en la nouant avec une bande de plastique noir.

Le chapeau

❶ Arrondissez les angles du papier violet. Mesurez et ôtez l'ouverture pour la tête.

❷ Tracez et découpez un cône de 30 cm de rayon et 56 cm de corde.

❸ Tracez un cercle de 32 cm et entaillez le bas.

❹ Collez les deux bords du cône.

❺ Rabattez les languettes vers l'extérieur. Encollez-les. Posez la couronne dessus.

❻ Décorez le chapeau d'une bande de plastique noir.

❼ Découpez des bandes de papier crépon orange. Collez-les à l'intérieur du chapeau pour imiter les cheveux.

Le balai

❶ Coupez des bandes de papier journal.

❷ Serrez-les au bout du bâton avec de la ficelle. Rajoutez des épaisseurs. Ficelez deux ou trois fois.

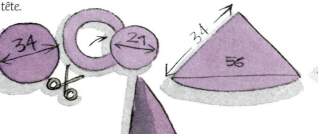

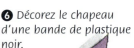

L'ange

VÊTEMENTS
- pull ou tee-shirt blanc
- jean blanc
- socquettes, tennis blancs

ACCESSOIRES
- papier crépon blanc (1 rouleau)
- carton : 76 x 38 cm et 1 cercle de 25 cm (Ø)
- gouache
- élastique plat : 50 cm et 80 cm
- cordon blanc ou ficelle : 80 cm
- pinceau large

Les ailes

❶ Sur le carton, tracez une ligne centrale et dessinez une aile d'un côté. Calquez et reportez sur l'autre côté.

❷ Peignez les deux faces en blanc. Avec un pinceau sec, faites quelques traits bleus.

❸ Faites des trous et enfilez deux morceaux d'élastique plat. Nouez les extrémités. Passez les élastiques comme des bretelles.

La tunique

❶ Pliez le papier crépon en deux dans le sens de la longueur.

❷ Pliez légèrement en deux pour marquer un pli central en largeur.

❸ Découpez une ouverture suffisamment grande pour la tête.

❹ Nouez le cordon ou la ficelle à la taille.

L'auréole

❶ Peignez les deux faces du cercle en jaune.

❷ Faites deux trous dans le cercle. Introduisez l'élastique. Nouez les extrémités.

❸ Placez l'auréole sur la tête. Calez à l'arrière avec un mouchoir en papier plié en quatre.

Le clown

VÊTEMENTS
- amples, colorés, solides
- pantalon, veste, marinière, chaussettes rayées, chapeau feutre, un ou deux foulard(s), etc.

ACCESSOIRES
- carton : 50 x 30 cm pour la trompette, 32 x 18 cm pour le nœud papillon
- gouache
- cutter
- élastique plat : 30 cm

Le chapeau

Nouez un foulard ou une écharpe autour d'un chapeau. Piquez une fleur, ou une plume.

Vous pouvez aussi fabriquer un chapeau pointu à partir d'un cône.

Le costume

Superposez une marinière, une veste, manches remontées, un pantalon très ample serré à la taille par un foulard, jambes retroussées, des chaussettes farfelues, des chaussures-péniches, etc

Le nœud papillon

❶ Sur le carton, tracez une ligne centrale et dessinez la moitié du nœud d'un côté. Calquez-la, reportez-la sur l'autre côté.

❷ Découpez le nœud. Décorez-le avec des pois.

❸ Peignez le fond, puis les pois.

❹ Faites deux trous. Passez-y l'élastique. Nouez les extrémités. Tirez l'élastique pour passer le nœud papillon autour du cou.

La trompette magique

❶ Dessinez la trompette et le lapin sur le carton.

❷ Découpez. Appliquez d'épaisses couches de gouache.

Le Gaulois

VÊTEMENTS
- pull
- pantalon de velours
- chaussettes épaisses
- chaussures de sport
- tee-shirt ample

ACCESSOIRES
- ruban : 2 fois 70 cm
- ficelle : 70 cm
- papier à dessin gris : 64 x 48 cm ou 2 fois 32 x 24 cm
- papier jaune : 20 x 5 cm
- fil élastique
- agrafeuse
- colle

Habillement

Enfilez le pull, le pantalon et le grand tee-shirt. Serrez à la taille avec la ficelle. Faites blouser. Introduisez les jambes de pantalon dans les chaussettes. Croisez les rubans par-dessus.

Le casque

❶ Taillez une bande de 56 x 5 cm et deux de 25 x 5 cm.

❷ Agrafez la grande bande suivant le tour de tête.

❸ Croisez les deux bandes en leur milieu. Collez-les.

❹ Placez les extrémités de cette croix dans la couronne. Collez.

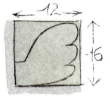

❺ Sur du papier gris, dessinez une forme d'aile dans un rectangle de 16 x 12 cm.

❻ Découpez en double.

Les moustaches

❶ Sur le papier jaune, tracez une ligne centrale.

Dessinez une moustache d'un côté. Calquez et reportez sur l'autre côté.

❷ Avec une aiguillée de fil élastique terminé par un nœud, piquez dans une moustache, faites le tour de la tête, piquez dans l'autre moustache. Faites un nœud. Coupez le fil.

❼ Pliez la base de chaque aile. Collez-les sur le casque.

La princesse

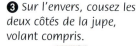

VÊTEMENTS
- tee-shirt blanc ou rose
- chaussures claires

ACCESSOIRES
- 1 rouleau de papier crépon rose vif
  2 rouleaux de papier crépon rose clair
  papier crépon blanc : 150 x 50 cm, papier crépon vert 9 fois 24 x 10 cm, papier à dessin vert : 53 x 10 cm
- cordon blanc : 60 cm
- élastique plat : 50 cm

Fabrication d'une rose

❶ Pliez en deux un carré (30 cm de côté) de crépon rose clair.

❷ Enroulez sans serrer autour d'un verre retourné.

❸ Écrasez sur le fond en faisant des plis.

❹ Ôtez du verre. Avec une aiguillée de fil, piquez toutes les épaisseurs du fond sur la jupe.

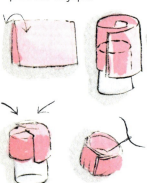

La jupe

❶ Coupez le rouleau de crépon rose clair en deux. Cousez les bandes bout à bout.

❷ Faites des fronces. Épinglez-les sur une longueur de crépon rose vif. Cousez.

❸ Sur l'envers, cousez les deux côtés de la jupe, volant compris.

❹ Pliez les 9 bandes vertes à leur extrémité. Agrafez.

❺ Fixez ces bandes vertes sur l'endroit de la jupe avec quelques points de couture ou de colle.

❻ Cousez les roses entre les bandes vertes.

❼ Faites un rabat de 2 cm à la taille et cousez. Passez un élastique avec l'épingle à nourrice. Nouez les extrémités.

La cape

Sur une des petites longueurs du crépon blanc, découpez des festons. Pliez.

La couronne

❶ Découpez la bande de papier à dessin vert en dents de scie.

❷ Collez des cercles de papier clair. Agrafez les deux extrémités.

Le pirate

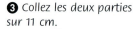

VÊTEMENTS
- marinière
- pantalon foncé

ACCESSOIRES
- papier à dessin noir :
  2 fois 50 x 24 cm
- carton :
  perroquet 28 x 22 cm,
  poignard 30 x 10 cm
- papier crépon rouge
  (ou écharpe rouge)
- gouache
- élastique plat
- épingles à nourrice
- papier d'aluminium

Le chapeau

❶ Tracez une ligne centrale sur le papier noir et dessinez, d'un côté, la moitié du chapeau. Calquez et reportez sur l'autre côté.

❷ Superposez les deux épaisseurs de papier noir et découpez.

❸ Collez les deux parties sur 11 cm.

❹ Dessinez et peignez la tête de mort à la gouache blanche (2 couches).

La ceinture

❶ Découpez une bande de 75 x 30 cm dans le papier crépon rouge. Pliez en deux.

❷ Roulez-la autour de la taille. Serrez au dos ou sur le côté avec des épingles à nourrice.

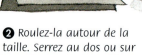

Le perroquet

❶ Sur le carton, dessinez un perroquet.

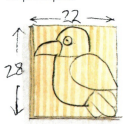

❷ Découpez et peignez de couleurs vives.

❸ Faites des trous. Passez l'élastique plat. Nouez les extrémités. Enfilez le perroquet sur le bras jusqu'à l'épaule.

Les poignards

❶ Dessinez le contour d'un poignard sur le carton.

❷ Peignez le manche recto verso.

❸ Entourez la lame de papier d'aluminium. Fixez avec quelques points de colle.

Le gratte-ciel

VÊTEMENTS
- pantalon, pull et chaussures foncés

ACCESSOIRES
- 3 boîtes en carton de formats décroissants : pour la jupe (45 cm de haut), pour le torse (30 cm de haut), un petit pour la tête
- une boîte en carton haute (par exemple un carton de bouteilles d'eau)
- papier kraft de 4 couleurs différentes
- gouache
- colle
- élastique plat

Enlevez les rabats des boîtes.

Tête

Si la boîte est trop grande, raccourcissez-la.

Torse

❶ Tracez et découpez un cercle de 16 cm de diamètre pour la tête.

❷ Sur deux faces latérales, tracez une fenêtre. Ôtez la partie supérieure.
Pliez la partie inférieure.

Jupe

Tracez un cercle et découpez-le.

Décoration

❶ Emballez les 4 boîtes dans du papier kraft, laissant le dessous creux.

❷ Collez les rabats de papier à l'intérieur des boîtes.

❸ Peignez des fenêtres à la gouache noire et des reflets blancs. Utilisez un gros pinceau.

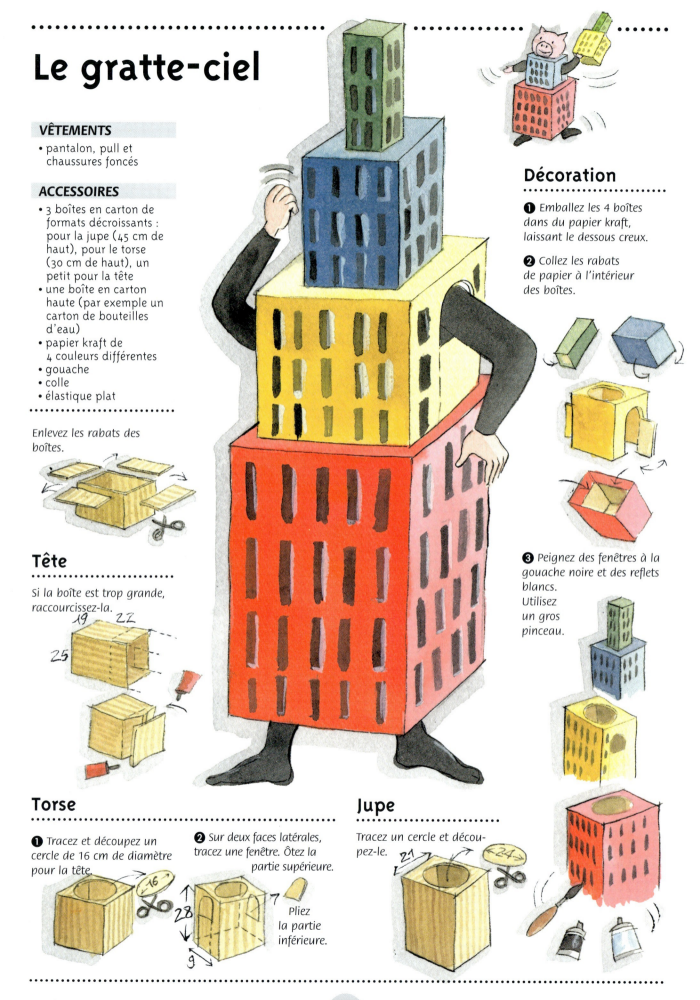

Finitions

❶ Collez la plus haute boîte, celle de la tête.

❷ Marquez l'emplacement des yeux au crayon. Ôtez la boîte. Faites des trous.

❸ Faites des trous dans la jupe. Introduisez des élastiques- bretelles. Posez sur le modèle. Faites des nœuds à bonne longueur.

Habillage

Après avoir passé le carton-jupe, enfilez le carton-torse (les bras sortent des ouvertures sur les côtés) et enfin le carton-tête.

Le dragon

VÊTEMENTS
- pull à manches longues
- pantalon foncé
- espadrilles de sport
- socquettes blanches

ACCESSOIRES
- papier crépon rouge : 160 x 50 cm
- papier crépon vert : 120 x 40 cm
- papier crépon jaune : 100 x 30 cm
- papier à dessin orange : 65 x 28 cm
- un peu de papier violet, rouge, vert, noir
- gouache
- agrafeuse
- colle

La tunique

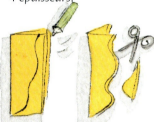

❶ Pliez en deux, dans le sens de la longueur, les bandes de crépon rouge, vert et jaune.

❷ Pliez le papier crépon vert en deux, dans l'autre sens. Dessinez un contour de flammes. Découpez les 4 épaisseurs.

❸ Pliez le papier jaune en deux. Dessinez un contour simple. Découpez les 4 épaisseurs.

❹ Dépliez et superposez les bandes rouge, verte et jaune. Fixez par des points de colle.

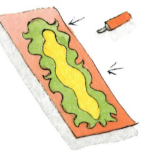

❺ Découpez des cercle (5 cm de diamètre) dans le papier noir. Collez-les sur les flammes vertes.

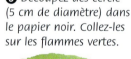

❻ Pour permettre le passage de la tête, découpez les trois épaisseurs à la fois.

❹ Fermez le cylindre par de la colle et des agrafes.

❺ Posez le masque sur la tête. Marquez l'emplacement des yeux. Ôtez le masque. Découpez des cercles aux ciseaux.

❻ Agrafez deux bandes de crépon vert et jaune sur les flammes rouges. Aux poignets, fixez-les avec des élastiques.

Le masque

❶ Dessinez le masque au crayon sur le papier à dessin. Appliquez des couleurs vives avec un gros pinceau.

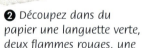

❷ Découpez dans du papier une languette verte, deux flammes rouges, une barbe violette.

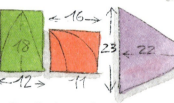

❸ Collez-les au dos du masque.

Le marmiton

VÊTEMENTS
- pull ou tee-shirt blanc
- socquettes blanches
- tennis blancs

ACCESSOIRES
- le chapeau : papier à dessin : 57 x 14 cm, papier crépon blanc : 200 x 20 cm, agrafeuse, élastique, colle
- la pièce montée : papier à dessin, gouache
- le tablier : torchons blancs, épingles à nourrice

Le tablier

❶ Pliez un torchon en un rectangle de 20 cm de large. Épinglez sur le pull ou sur le tee-shirt.

❷ Entourez les hanches d'un torchon. Serrez à la taille. Fermez par des épingles à nourrice. Nouez un torchon autour du cou.

Le chapeau

❶ Faites des plis avec le papier crépon. Agrafez sur la bande de papier à dessin.

❷ Collez les extrémités bord à bord.

❸ De l'intérieur, serrez le papier crépon avec un élastique.

❹ Faites ressortir le dessous du chapeau.

La pièce montée

❶ Dessinez et découpez un cône.

❷ Dessinez des cercles.

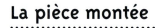

❸ À la gouache, peignez les choux en jaune ocre, la crème en blanc-jaune, les cerises en rouge. Peignez les interstices en noir.

Le tournesol

VÊTEMENTS
- pull et collant noirs

ACCESSOIRES
- papier crépon orange : un rouleau
- papier crépon jaune : deux rouleaux
- papier crépon vert : 70 x 20 cm
- carton ondulé : 95 x 25 cm
- 8 morceaux de ficelle de 15 cm de long
- élastique plat : 50 cm
- fil et aiguille, ou machine à coudre
- pince à cheveux

La jupe

❶ Découpez 5 cm sur un des rouleaux de crépon jaune et 10 cm sur l'autre. Déroulez-les et pliez-les en accordéon (plis de 7 cm).

❷ Découpez des pétales. Pliez de la même manière le crépon orange (plis de 10 cm) et découpez des pétales plus arrondis.

❸ Superposez la première bande jaune (40 cm), la deuxième (45 cm) et la bande orange. Faites un rabat de 2,5 cm. Cousez les épaisseurs (main ou machine).

❹ Sur l'envers, cousez la jupe bord à bord.

❺ Avec une épingle à nourrice, passez l'élastique dans le rabat de la ceinture. Cousez ou nouez les deux extrémités.

Le jupon

❶ Agrafez les extrémités du carton ondulé.

❷ Percez huit trous sur le pourtour, à 3 cm du bord. Passez 15 cm de ficelle dans chaque trou et nouez.

❸ Nouez l'élastique et attachez-y les ficelles. Ce jupon donne de l'ampleur à la jupe.

La collerette

Procédez comme pour le pierrot avec 110 x 15 cm de crépon jaune.

La feuille

Pliez 20 x 8 cm de crépon vert. Découpez une forme de feuille. Glissez dans la pince à cheveux.

Le croisé

VÊTEMENTS
- pull, pantalon de velours, chaussettes

ACCESSOIRES
- carton ondulé : 64 x 25 cm et 2 fois 20 x 4 cm
- papier à dessin bleu, jaune, rouge
- carton : 48 x 40 cm
- élastique plat : 40 cm
- ruban : 2 fois 70 cm et 40 cm
- agrafeuse
- colle
- gouache
- sac-poubelle noir
- bâton de 1,50 m
- ficelle

La tunique

❶ Dans le sac-poubelle noir, faites un trou pour la tête et deux pour les bras.

❷ Enfilez, nouez une ficelle à la taille.

Les chaussettes

Introduisez le bas du pantalon dans les chaussettes. Croisez les rubans dessus.

L'oriflamme

Le heaume

❶ Au milieu du rectangle de carton ondulé, découpez l'ouverture du visage.

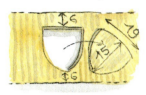

❷ Fermez le cylindre de carton par de la colle et des agrafes.

❸ Collez les 4 bandes à l'intérieur sur 8 cm, la bande frontale dépasse de 2 cm.

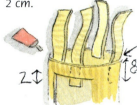

❹ Tracez et découpez 4 plumes de couleur.

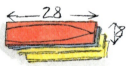

❺ Agrafez les plumes superposées entre la bande avant et la bande arrière. Faites une fente aux deux autres. Collez-les ainsi sur les deux premières.

❻ Découpez une bande de papier rouge de 65 x 6 cm. Collez-la au-dessus du visage. Découpez deux formes arrondies pour les épaules.

❶ Dans les papier bleu, jaune, rouge, découpez deux bandes de 32 x 7 cm. Collez-les sur une feuille de 32 x 21 cm, recto verso.

❷ Tracez et découpez un triangle sur un petit côté.

❸ Enroulez et collez le côté opposé sur un bâton. Faites deux trous et nouez deux rubans.

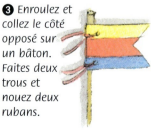

Le bouclier

❶ Tracez et découpez la forme du bouclier. Peignez le décor et le fond de couleurs vives.

❷ Faites des trous suivant les mesures.

❸ Introduisez les élastiques (deux fois 20 cm) et nouez sur la face avant.

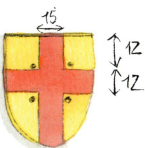

❹ Pour tenir le bouclier, glissez le bras dans les élastiques.

Schéhérazade

VÊTEMENTS
- pantalon clair et ample (pyjama, survêtement ou autre)
- tee-shirt étroit

ACCESSOIRES
- foulards et chutes de tissus colorés brillants, laine et mousseline
- coussins
- bijoux de fantaisie très colorés
- papier d'aluminium et fil élastique (facultatif)

Habillement

❶ Remontez le tee-shirt au-dessus de la taille en le repliant sur l'intérieur. Maintenez avec des épingles à nourrice. Retournez les manches.

❷ Remontez les jambes du pantalon en les repliant sur l'intérieur.

❸ Découpez deux rectangles de tissu brillant de 40 x 30 cm. Nouez ou épinglez sur les côtés.

Voilette

Dans du tissu fin ou de la mousseline, découpez un rectangle de 15 x 5 cm. Nouez un cordon aux deux angles supérieurs. Posez sous les yeux et nouez derrière la tête.

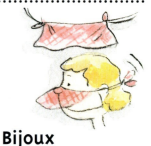

Bijoux

Enfilez colliers et bracelets. N'oubliez pas de garnir la tête et les chevilles. Créez vos bijoux avec des perles de papier d'aluminium. Enfilez-les sur du fil élastique.

Décor

Disposez les tissus sur un canapé ou une banquette. Entourez les coussins de tissu, épinglez. Le décor de Schéhérazade est prêt.

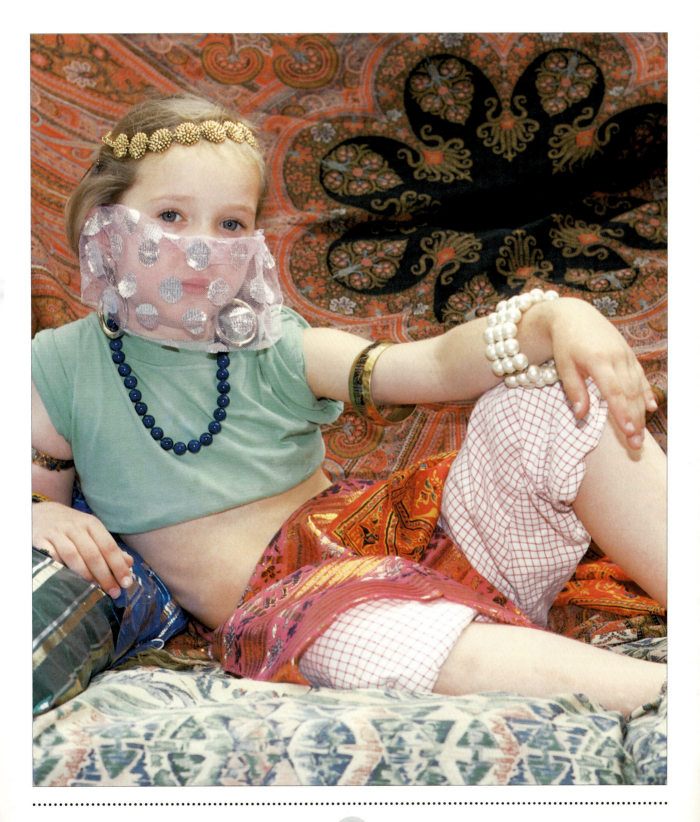

Le chat et la souris

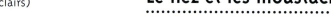

VÊTEMENTS
- collant et tee-shirt noirs (chat) gris (souris)
- gants si possible noirs (ou foncés) et gris (ou clairs)

ACCESSOIRES
- tissu noir et gris : 100 x 50 cm
- papier à dessin noir, blanc et gris
- gouache
- élastique plat : 2 fois 25 cm
- agrafeuse, colle
- ficelle : 60 cm
- une boîte à œufs

Le nez et les moustaches

❶ Découpez deux alvéoles de boîtes à œufs. Peignez-les en rose.

❷ Dans du papier à dessin blanc, découpez six bandes (par animal) de 12 x 1 cm. Pliez à 2 cm.

❸ Avec une aiguillée de fil élastique terminé par un nœud, piquez dans le bord d'une alvéole. Posez sur le nez, faites le tour de la tête (pour la longueur de l'élastique) ôtez et piquez dans le bord opposé. Nouez et coupez.

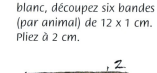

❹ Collez les languettes sur le nez. Ce sont les moustaches

Les oreilles

❶ Dans les papiers gris et noirs, découpez une bande de 20 x 4 cm. Dessinez et découpez en double les oreilles de souris et de chat.

❷ Faites des languettes à la base des oreilles, posez de la colle. Appliquez sur la bande.

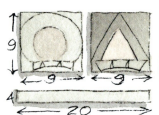

❸ Agrafez l'élastique de chaque côté de la bande.

Habillement

Enfilez tee-shirt et collant. Serrez le tee-shirt à la taille avec une ficelle. Entortillez une extrémité de la queue dans la ficelle, à l'arrière. Mettez le nez et, enfin, enfilez les oreilles… et les gants.

La queue

Enroulez la bande de tissu noir ou gris sur elle-même. Cousez à grands points.

Le mannequin futuriste

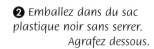

VÊTEMENTS
- tee-shirt (ou pull) et collant noirs ou foncés

ACCESSOIRES
- 7 plaques à œufs (demandez à un fromager)
- 4 à 6 boîtes à œufs (6)
- 2 sacs-poubelles noirs
- 3 sacs-poubelles bleus
- filet à oranges
- ficelle
- agrafeuse

Le chapeau

❶ Empilez les trois boîtes avec leurs couvercles. Posez-les au centre d'une grande plaque. Fixez par de la ficelle passée dans les trous de la plaque.

❷ Emballez dans du sac plastique noir sans serrer. Agrafez dessous.

❸ Coupez des lanières bleues de 15 cm de large. Passez-les dans le chapeau par des trous faits aux ciseaux. Décorez avec une autre bande bleue.

❹ Dans le plastique noir, découpez un rectangle de 45 x 30 cm. Enroulez sans serrer. Fermez en rapprochant les deux extrémités. Agrafez sous le chapeau.

❺ Agrafez un filet à oranges pour la voilette. Placez sur la tête. Nouez sous le cou.

La jupe

❶ Coupez une plaque à œufs en deux. Découpez une alvéole aux angles de deux plaques et des deux demi plaques.

❷ Sur ces plaques, faites des trous dans deux alvéoles creuses. Enfilez la ficelle par ces trous.

❸ Coupez quatre morceaux de sacs poubelles noirs de 40 x 30 cm. Faites trois gros plis l'un sur l'autre. Agrafez.

❹ Sur la ficelle, entre les plaques, pliez et agrafez les plastiques noirs plissés. Nouez autour de la taille.

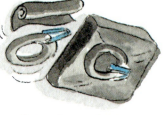

Les chaussures

❶ Placez le pied dans un sac-poubelle bleu. Entortillez le sac le long de la jambe. Serrez par des bandes de plastique bleu croisées et nouées. Répétez l'opération sur l'autre pied.

❷ Empilez trois demi-plaques. Avec les ciseaux, faites des trous dans quatre creux (trois épaisseurs).

❸ Enfilez des bandes de plastique. Nouez sur le pied.

L'infirmière

VÊTEMENTS
- tee-shirt blanc
- socquettes blanches
- chaussures claires

ACCESSOIRES
- 3 torchons blancs (ou tissu blanc)
- épingles à nourrice
- feutre rouge
- valise
- boîte à chaussures
- carton : 24 × 3 cm
- gouache blanche et rouge
- 2 attaches parisiennes
- seringue
- 2 boîtes de camembert
- papier à dessin : 34 × 26 cm
- rond de carton de 8 cm (Ø)
- grosse aiguille à tricoter
- colle

Le voile

❶ Avec le feutre rouge, dessinez une croix au centre d'un torchon.

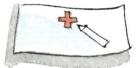

❷ Serrez le voile autour de la tête. Épinglez ou nouez sous les cheveux.

Le tablier

a) Le haut : pliez le torchon de façon à avoir un rectangle de 20 cm de large. Épinglez sur le tee-shirt.

b) Le bas : entourez les hanches d'un ou deux torchons. Épinglez au dos.

La seringue

❶ Peignez en blanc l'extérieur des deux boîtes ainsi que le rond de carton.

❷ Faites un trou au centre.

❸ Enroulez le papier à dessin en cylindre. Placez-le entre les deux boîtes. Collez.

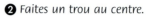

❹ Dessinez la graduation en rouge. Piquez l'aiguille à tricoter dans le rond du carton puis à travers le cylindre par les trous des boîtes.

La valise

❶ Peignez en blanc la boîte à chaussures, son couvercle et la bande de carton. Peignez une croix rouge.

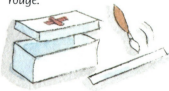

❷ Pliez la bande suivant les mesures. Fixez-la avec deux attaches parisiennes sur la boîte. Fermez avec deux élastiques.

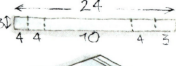
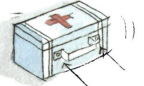

Imprimé en Belgique.
Dépôt légal janvier 1997; D. 1997/0053/4
Déposé au Ministère de la Justice, Paris
(loi n°49.956 du 16 juillet 1949 sur les publications destinées à la jeunesse).